on
missel

M.J. CURA • F. DOLL • A. HARI • C. SINGER • A.M. STOLL

Sommaire

Introduction

Chaque dimanche, et parfois même au cours de la semaine, les chrétiens se rassemblent pour la fête de la messe.

À la messe, les chrétiens se rassemblent pour faire mémoire - ce qui signifie «garder dans leur coeur, en vivre aujourd'hui» - du dernier repas que Jésus a pris avec ses apôtres, juste avant d'être trahi et arrêté. Au cours de ce repas, Jésus a pris du pain et du vin, en disant : «Ceci est mon corps. Ceci est mon sang. Ils sont donnés pour sauver le monde.» Ainsi Jésus montrait-il qu'il se donnait en entier, par amour, afin de libérer les habitants de la terre du pouvoir du mal.

À la messe, les chrétiens font les gestes de Jésus au cours du dernier repas. Ils font aussi les gestes des apôtres mangeant et buvant. Les chrétiens, comme les apôtres, se nourrissent de la vie et de l'amour sans limites de Jésus-Christ, Fils de Dieu.

Ainsi, nourris du corps et du sang du Christ, ils peuvent avancer avec Jésus, en offrant et en partageant leur vie afin que leurs frères et soeurs de la terre connaissent le bonheur préparé par Dieu pour tous ses enfants de la terre.

La messe est une fête, un grand moment de joie, puisque Dieu nous invite à recevoir sa vie et à la partager au monde entier.

Ce missel a été réalisé pour que tu puisses mieux participer, avec les autres chrétiens, à la fête de la messe.

1. LA LITURGIE DE L'ACCUEIL

- le chant d'entrée
- la salutation du prêtre
- la préparation pénitentielle
- l'hymne: **Gloire à Dieu**
- la prière d'ouverture

2. LA LITURGIE DE LA PAROLE

- la lecture de l'Ancien Testament
- le psaume
- la lecture du Nouveau Testament
- l'acclamation: **Alléluia**
- l'Évangile
- l'acclamation: **Alléluia**
- l'homélie
- la profession de foi
- la prière universelle

3. LA LITURGIE
DE L'EUCHARISTIE

- la présentation du pain et du vin
- la prière sur les offrandes
- *la prière eucharistique :*
  - la préface
  - l'acclamation: **Saint**
  - la prière eucharistique
  - Conclusion: **Par lui...**
- *la communion*
  - le **Notre Père**
  - la paix
  - **Agneau de Dieu**
  - la communion
  - le chant de communion

4. LA LITURGIE DE L'ENVOI

- la bénédiction
- l'envoi

LA LITURGIE DE L'ACCUEIL

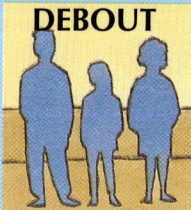

Tous arrivent et se tiennent debout, pareils à des hommes, des femmes et des enfants heureux de se retrouver et de répondre à l'invitation du Seigneur.

Tous sont venus,
invités par Dieu !
Tous sont venus
pour le repas de fête
préparé par Dieu!

La salutation du prêtre

le prêtre salue l'assemblée, par exemple ainsi :
La grâce de Jésus notre Seigneur,
l'amour de Dieu le Père
et la communion de l'Esprit saint
soient toujours avec vous !

Tous répondent :
Et avec votre esprit !

La préparation pénitentielle

Le prêtre invite les fidèles à reconnaître leur péché et à demander pardon.

Préparons-nous à la célébration de l'Eucharistie en reconnaissant que nous sommes pécheurs.

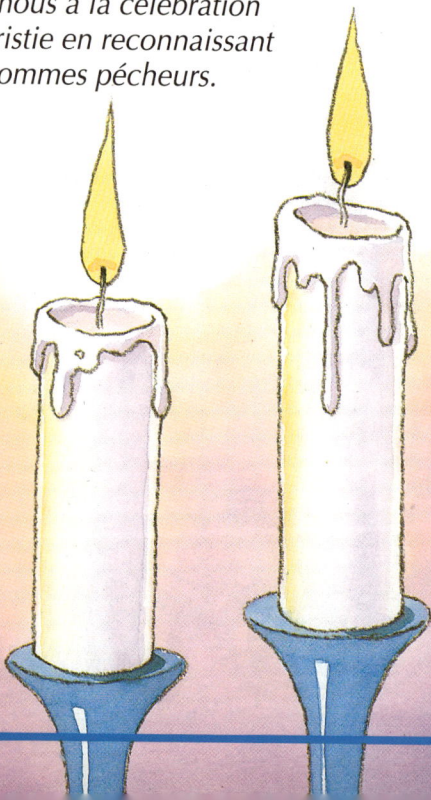

L'assemblée des chrétiens :

Je confesse à Dieu tout-puissant,
je reconnais devant mes frères
que j'ai péché en pensée, en parole,
par action ou par omission ;
oui, j'ai vraiment péché.
C'est pourquoi je supplie la Vierge Marie,
les anges et tous les saints,
et vous aussi mes frères,
de prier pour moi le Seigneur notre Dieu.

D'autres fois, le prêtre et l'assemblée disent ou chantent à tour de rôle :

Seigneur prends pitié de nous
Seigneur prends pitié de nous.

O Christ prends pitié de nous
O Christ prends pitié de nous

Seigneur prends pitié de nous
Seigneur prends pitié de nous.

Le prêtre dit la prière de pardon :

*Que Dieu tout-puissant
nous fasse miséricorde ;
qu'il nous pardonne nos péchés
et nous conduise à la vie éternelle.*

L'hymne

Voici un chant de louange par lequel les chrétiens expriment leur admiration à Dieu.

Gloire à Dieu,
au plus haut des cieux,
et paix sur la terre
aux hommes qu'il aime.

Nous te louons,
nous te bénissons,
nous t'adorons,
nous te glorifions,
nous te rendons grâce,
pour ton immense gloire ;
Seigneur Dieu,
Roi du Ciel,
Dieu le Père tout-puissant.

Seigneur, Fils unique,
Jésus-Christ,
Seigneur Dieu,
Agneau de Dieu,
le Fils du Père ;
toi qui enlèves
le péché du monde,
prends pitié de nous ;
toi qui enlèves
le péché du monde,
reçois notre prière ;
toi qui es assis
à la droite du Père,
prends pitié de nous.

Car toi seul es saint,
toi seul es Seigneur,
toi seul es le Très-Haut :
Jésus-Christ, avec le Saint-Esprit
dans la gloire de Dieu le Père.
Amen.

La prière d'ouverture

Le prêtre dit la prière d'ouverture
en commençant par :

Prions ensemble

Il conclut la prière, souvent ainsi :

Par Jésus-Christ, ton Fils
notre Seigneur et notre Dieu,
qui règne avec toi et le Saint Esprit
maintenant et pour les siècles des siècles.

L'assemblée répond :

Amen.

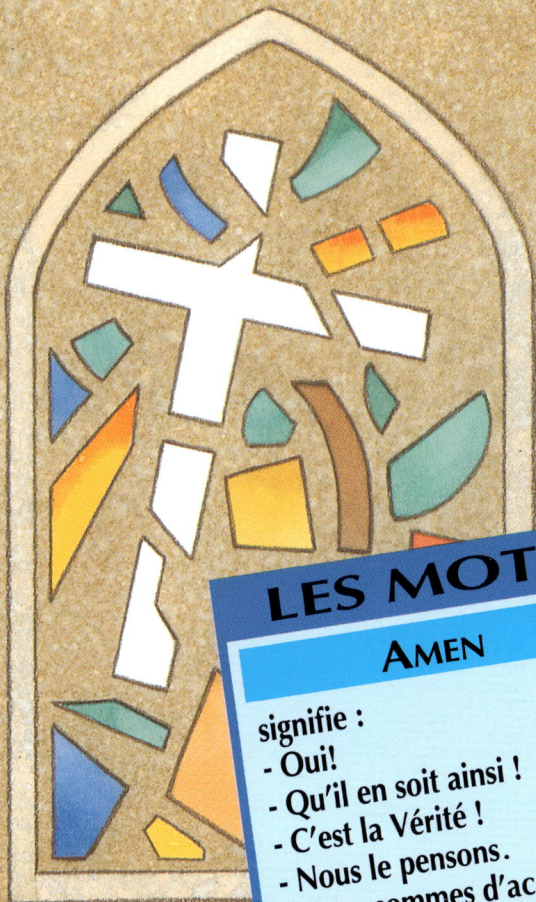

LES MOTS

AMEN

signifie :
- Oui!
- Qu'il en soit ainsi !
- C'est la Vérité !
- Nous le pensons.
- Nous sommes d'accord.

15

LA LITURGIE DE LA PAROLE

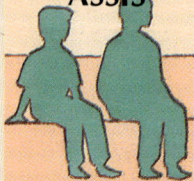

LES GESTES

ASSIS

L'assemblée s'assied. Elle se met en position d'écoute. Elle est prête à recevoir la Parole de Dieu. Les corps sont au repos. Les esprits sont attentifs.

La première lecture

La plupart du temps, elle est tirée de l'Ancien Testament, de l'histoire passée du peuple d'Israël.

Le psaume

Les chrétiens reprennent, en le chantant ou en le disant ensemble, un des psaumes. On appelle ainsi un certain nombre de prières par lesquelles les croyants de l'Ancien Testament s'adressaient à Dieu en toutes occasions. Ces Psaumes restent des prières pour les croyants d'aujourd'hui.

18

La deuxième lecture

Elle est tirée des lettres des Apôtres : Paul, Pierre, Jean, Jacques.

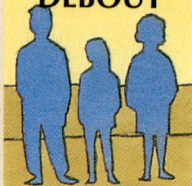

L'assemblée se lève. Elle se tient debout pour accueillir l'Évangile et pour se préparer à mettre sa Parole en pratique.

L'Alléluia

L'assemblée chante :

Alléluia

C'est une joyeuse acclamation pour accueillir le Christ qui vient avec son Évangile.

LES MOTS

ALLÉLUIA

Ce mot hébreu signifie:
Louez Dieu !
Chantez pour Dieu !

L'Évangile

Le prêtre dit :

Le Seigneur soit avec vous

L'assemblée répond :

Et avec votre esprit.

Le prêtre :

Évangile de Jésus-Christ selon saint ...

L'assemblée :

Gloire à toi, Seigneur !

Le prêtre lit l'Évangile.
Le texte de l'évangile varie chaque jour.
Il conclut la lecture en disant :

Acclamons la Parole de Dieu.

L'assemblée :

Louange à toi, Seigneur Jésus !

LES GESTES

ASSIS

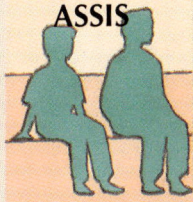

L'assemblée est assise pour mieux écouter. Elle réfléchit. Elle fait silence.

L'homélie

Le prêtre explique l'évangile

DEBOUT

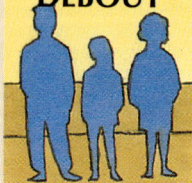

Les chrétiens, après avoir reçu la Parole du Christ, se lèvent. Grands et petits se redressent de toute leur taille, comme pour donner leur parole, en public. Ils «professent» leur foi, ils affirment devant tout le monde: «Nous croyons».

La profession de foi

Les chrétiens, en assemblée, expriment leur foi.

• soit ainsi :

**Je crois en Dieu,
le Père tout-puissant,
créateur du ciel et de la terre.**

**Et en Jésus-Christ,
son Fils unique,
notre Seigneur,
qui a été conçu du Saint-Esprit,
est né de la Vierge Marie,
a souffert sous Ponce Pilate,**

a été crucifié, est mort et a été enseveli,
est descendu aux enfers,
le troisième jour est ressuscité des morts,
est monté aux cieux,
est assis à la droite
de Dieu le Père tout-puissant,
d'où il viendra juger les vivants et les morts.

Je crois en l'Esprit Saint,
à la sainte Église catholique,
à la communion des saints,
à la rémission des péchés,
à la résurrection de la chair,
à la vie éternelle.
Amen.

• soit ainsi :

Je crois en un seul Dieu,
Le Père tout-puissant,
créateur du ciel et de la terre,
de l'univers visible et invisible.

Je crois en un seul Seigneur, Jésus-Christ,
le Fils unique de Dieu,
né du Père avant tous les siècles:
Il est Dieu, né de Dieu,
lumière, né de la lumière,
vrai Dieu, né du vrai Dieu.
Engendré, non pas créé,
de même nature que le Père ;
et par lui tout a été fait.
Pour nous les hommes, et pour notre salut,
il descendit du ciel.
Par l'Esprit Saint,
il a pris chair de la Vierge Marie,
et s'est fait homme.
Crucifié pour nous sous Ponce Pilate,
il souffrit sa passion et fut mis au tombeau.
Il ressuscita le troisième jour,
conformément aux Écritures,
et il monta au ciel ;
il est assis à la droite du Père.

Il reviendra dans la gloire,
pour juger les vivants et les morts ;
et son règne n'aura pas de fin.

Je crois en l'Esprit Saint,
qui est Seigneur et qui donne la vie ;
il procède du Père et du Fils.
Avec le Père et le Fils,
il reçoit même adoration et même gloire ;
il a parlé par les prophètes.

Je crois en l'Église, une, sainte,
catholique et apostolique.

Je reconnais un seul baptême
pour le pardon des péchés.

J'attends la résurrection des morts,
et la vie du monde à venir
Amen

L'assemblée se tient debout, comme pour dire à Dieu:
Vois ton peuple! Vois ton peuple de tous les humains de la terre. Nous voici pour renouveler avec toi la face de la terre!

La prière universelle

Dans la prière l'assemblée des chrétiens présente à Dieu les soucis et les inquiétudes du monde entier. Les chrétiens ne demandent pas à Dieu d'agir à leur place, mais de les aider ainsi que tous les hommes, à être avec Lui, créateurs d'un monde meilleur.

LA LITURGIE

DE

L'EUCHARISTIE

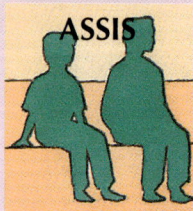

Pendant la présentation du pain et du vin l'assemblée est souvent assise.
Ainsi peut-elle mieux regarder l'offrande du pain et du vin et décider, au fond de son coeur, de s'offrir elle aussi, à la suite du Christ, pour la joie du monde.

La présentation du pain

Le prêtre, comme une offrande à Dieu, présente la coupe avec les hosties.

Tu es béni, Dieu de l'univers,
toi qui nous donnes ce pain,
fruit de la terre et du travail des hommes;
nous te le présentons :
il deviendra le pain de la vie.

L'assemblée répond :

Béni soit Dieu,
maintenant et toujours !

La présentation du vin

Le prêtre, comme une offrande à Dieu,
présente le calice avec le vin.

Tu es béni, Dieu de l'univers,
toi qui nous donnes ce vin,
fruit de la vigne et du travail des hommes ;
nous te le présentons :
il deviendra le vin du Royaume éternel.

L'assemblée répond :

Béni soit Dieu,
maintenant et toujours !

La prière sur les offrandes

Le prêtre annonce :

Prions ensemble, au moment d'offrir le sacrifice de toute l'Église.

L'assemblée répond :

Pour la gloire de Dieu et le salut du monde.

L'assemblée se lève.

LES GESTES
DEBOUT

Les chrétiens se mettent debout pour faire mémoire du Christ mort et ressuscité et prendre, à sa suite, le chemin où l'on aime Dieu de toutes ses forces et son prochain comme soi-même.

Le prêtre dit la prière sur les offrandes du pain et du vin. Cette prière est conclue par l'assemblée :

Amen.

LA PRIERE EUCHARISTIQUE

La Préface

Cette prière d'admiration, de louange et de remercie-
ment à Dieu est différente selon les périodes de l'année
ou les fêtes.

Elle commence toujours ainsi :
Le prêtre :
Le Seigneur soit avec vous
L'assemblée :
Et avec votre esprit
Le prêtre :
Élevons notre coeur
L'assemblée :
Nous le tournons vers le Seigneur !
Le prêtre :
Rendons grâces à Dieu
L'assemblée :
Cela est juste et bon !
Le prêtre dit ou chante alors la préface.

L'acclamation :

Avec les mots de ce chant, les chrétiens acclament Dieu et le remercient pour Jésus-Christ, Celui qui est venu pour montrer l'amour de Dieu et nous appeler à vivre comme des enfants du Père.

**Saint ! Saint ! Saint, le Seigneur,
Dieu de l'univers !
Le ciel et la terre sont remplis de ta gloire.
Hosanna au plus haut des cieux.
Béni soit celui qui vient
au nom du Seigneur.
Hosanna au plus haut des cieux.**

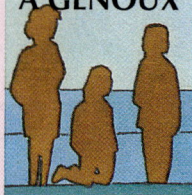

*Ou **debout** comme des hommes et des femmes retrouvant toute leur dignité humaine grâce à la mort et la résurrection du Christ.*

*Ou **à genoux** comme des hommes et des femmes exprimant leur respect et leur adoration devant le Christ mort et ressuscité.*

Les textes des prières eucharistiques peuvent varier, selon les périodes de l'année, les fêtes célébrées ou selon les assemblées.

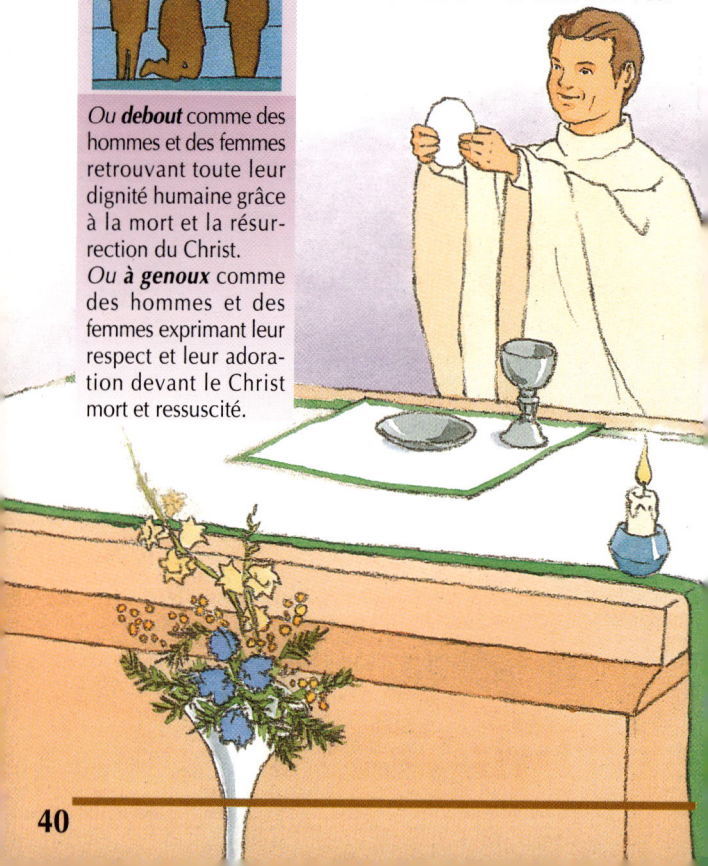

LA LITURGIE DE L'EUCHARISTIE

Le prêtre, en une longue prière, entrecoupée par des refrains de l'assemblée, évoque en présence de tous, ce que Dieu fait pour ses enfants de la terre. Il rappelle les gestes et les paroles de Jésus pendant le dernier repas qui, en fait, est la première messe. C'est pour cette raison qu'on appelle le dernier repas de Jésus "l'institution de l'eucharistie" !

Le prêtre demande à l'Esprit Saint d'inscrire en nos coeurs et en notre vie l'extraordinaire don d'amour de Jésus, mort et ressuscité.

LA LITURGIE DE L'EUCHARISTIE

Au centre de la prière eucharistique, le récit de l'institution de "l'eucharistie".

La nuit même où il fut livré,
il prit le pain,
en te rendant grâce il le bénit,
il le rompit
et le donna à ses disciples, en disant:
"Prenez et mangez-en tous:
ceci est mon corps
livré pour vous."

De même, à la fin du repas,
il prit la coupe,
en te rendant grâce il la bénit,
et la donna à ses disciples, en disant:
"Prenez, et buvez-en tous,
car ceci est la coupe de mon sang,
le sang de l'Alliance nouvelle et éternelle,
qui sera versé
pour vous et pour la multitude
en rémission des péchés.
Vous ferez cela,
en mémoire de moi."

L'anamnèse

Après le récit de "l'institution de l'eucharistie" les chrétiens chantent "l'anamnèse".

Le prêtre dit ou chante :

Il est grand le mystère de la foi :

L'assemblée :

Nous proclamons ta mort, Seigneur Jésus, nous célébrons ta résurrection, nous attendons ta venue dans la gloire.

ou

Quand nous mangeons ce pain et buvons à cette coupe, nous célébrons le mystère de la foi :

L'assemblée :

Nous rappelons ta mort, Seigneur ressuscité, et nous attendons que tu viennes.

LES MOTS

ANAMNÈSE

signifie:
- faire mémoire aujourd'hui
- rendre actuel un événement passé
- en vivre aujourd'hui

45

ou

Proclamons le mystère de la foi:

L'assemblée :

**Gloire à toi qui étais mort,
gloire à toi qui es vivant,
notre Sauveur et notre Dieu :
Viens, Seigneur Jésus!**

À la fin de la prière eucharistique
le prêtre chante ou dit :

*Par lui, avec lui et en lui,
à toi, Dieu le Père tout-puissant,
dans l'unité du Saint-Esprit,
tout honneur et toute gloire,
pour les siècles des siècles.*

L'assemblée répond :

Amen.

DEBOUT

Bras étendus et mains levées.

Comme des enfants tournés vers leur Père pour recevoir de lui sa tendresse et se présentent à lui en toute confiance avec leurs joies, leurs peines, leurs espoirs.

LES MOTS

NOTRE PÈRE

La seule prière que Jésus nous ait laissée! Tous les habitants de la terre sont les enfants bien-aimés du Père! En reprenant cette prière, on s'engage à se comporter comme des frères et des soeurs à l'égard de tout être humain.

LA COMMUNION

La prière du Notre Père

Le prêtre invite l'assemblée à prier,
par exemple ainsi :

Unis dans le même Esprit,
nous pouvons dire avec confiance
la prière que nous avons reçue du Sauveur :

L'assemblée prie la prière laissée
par Jésus à ses apôtres :

Notre Père qui es aux cieux,
que ton nom soit sanctifié,
que ton règne vienne,
que ta volonté soit faite
sur la terre comme au ciel.
Donne-nous aujourd'hui
notre pain de ce jour.
Pardonne-nous nos offenses,
comme nous pardonnons aussi
à ceux qui nous ont offensés.
Et ne nous soumets pas à la tentation,
mais délivre-nous du Mal.

Le prêtre continue :

Délivre-nous de tout mal, Seigneur,
et donne la paix à notre temps ;
par ta miséricorde, libère-nous du péché,
rassure-nous devant les épreuves
en cette vie où nous espérons
le bonheur que tu promets
et l'avènement de Jésus Christ, notre Sauveur.

L'assemblée dit :

Car c'est à toi qu'appartiennent
le règne, la puissance et la gloire
pour les siècles des siècles !

ou chante :

À toi le règne, à toi la puissance et la gloire
pour les siècles des siècles !

La paix

Le prêtre prie pour que s'établisse la paix :

Seigneur Jésus Christ,
tu as dit à tes Apôtres :
"Je vous laisse la paix,
je vous donne ma paix";
ne regarde pas nos péchés
mais la foi de ton Église ;
pour que ta volonté s'accomplisse,
donne-lui toujours cette paix,
et conduis-la vers l'unité parfaite,
toi qui règnes pour les siècles des siècles.

L'assemblée répond :

Amen.

Le prêtre :

Que la paix du Seigneur
soit toujours avec vous.

L'assemblée :

Et avec votre esprit.

LA LITURGIE DE L'EUCHARISTIE

Le prêtre invite les membres de l'assemblée à se manifester les uns aux autres la Paix du Christ.

(Frères), dans la charité du Christ,
donnez-vous la paix.

Tous se donnent un signe de paix : chacun fait à l'égard de l'autre un geste : une poignée de main, un sourire, une embrassade, selon les coutumes de la paroisse, par lequel chacun manifeste la volonté de vivre dans la paix du Christ.

L'Agneau de Dieu

L'assemblée, avec le prêtre, dit ou chante
l'invocation au "Christ, Agneau de Dieu".

**Agneau de Dieu,
qui enlèves le péché du monde,
prends pitié de nous.**

**Agneau de Dieu,
qui enlèves le péché du monde,
prends pitié de nous.**

**Agneau de Dieu,
qui enlèves le péché du monde,
donne-nous la paix.**

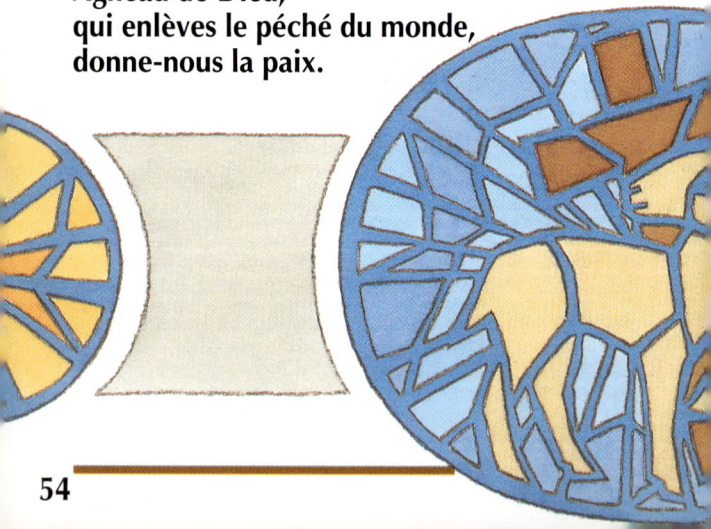

LES MOTS

AGNEAU DE DIEU

Une bien curieuse expression! C'est un nom très ancien donné au Seigneur Jésus. Il laisse entendre que Jésus s'est laissé faire comme un agneau quand on l'a trahi et condamné, qu'il n'a pas utilisé la violence, qu'il a montré de la douceur et qu'il a pris sur lui les péchés du monde.

DEBOUT
LES MAINS
EN COUPE

Debout.
Comme un homme ou une femme heureux parce que le Christ a donné sa vie et son amour pour que chaque humain connaisse la joie de Dieu.
Les mains en coupe.
Comme un trône préparé pour recevoir le plus grand trésor du monde: le corps du Christ.

LES MOTS

LE CORPS DU CHRIST

Avec l'hostie, c'est le Corps du Christ qui est donné à chacun. C'est la vie du Christ qui est déposée dans les mains tendues par chacun: Dieu se donne à nous comme une offrande, comme un cadeau de vie. Comme une nourriture qui fait grandir, agir et aimer à la façon du Christ. Comme un appel à partager avec ceux qui ont faim de pain et d'amitié !

La communion

Le prêtre invite l'assemblée à communier au Corps du Christ. À tous, il montre solennellement l'hostie en disant :

Heureux les invités au repas du Seigneur !
Voici l'Agneau de Dieu
qui enlève le péché du monde.

L'assemblée dit alors :

Seigneur, je ne suis pas digne de te recevoir;
mais dis seulement une parole
et je serai guéri.

Quand le prêtre a communié, les chrétiens s'avancent pour recevoir dans leurs mains, l'hostie, le Corps du Christ. Le prêtre dit :

Le Corps du Christ

Celui ou celle qui communie répond :

Amen.

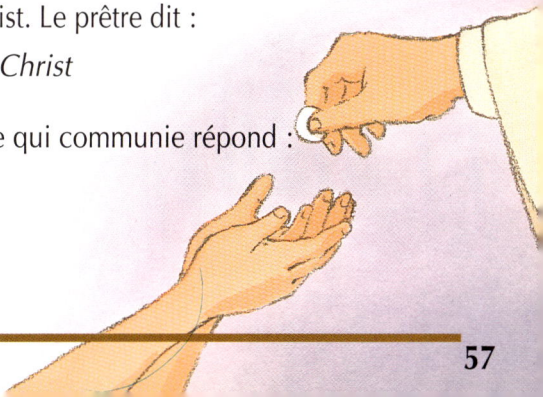

Le chant de communion

Souvent, pendant que l'assemblée des chrétiens avance pour la communion, elle chante comme un peuple heureux de s'avancer vers son Seigneur pour recevoir de Lui la joie et la vie.

Souvent, aussi, après avoir communié les chrétiens, assis ou à genoux, font silence. Ainsi cherchent-ils à mieux prendre conscience de l'importance de ce qui vient de se passer.

LES GESTES

DEBOUT

La prière de communion

Le prêtre dit la prière de communion en disant :

Prions le Seigneur.

Le texte varie chaque jour.
L'assemblée conclut:

Amen.

LA LITURGIE
DE L'ENVOI

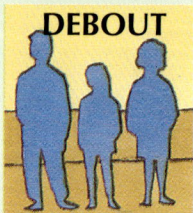

Après avoir célébré ensemble leur foi en Dieu Père qui donne la vie, en Dieu Jésus-Christ mort et ressuscité, en Dieu-Esprit qui leur communique l'audace de vivre selon l'Évangile,

après avoir reçu la Parole et le Corps du Christ, les chrétiens sont prêts à repartir dans leur vie quotidienne, pour annoncer en tous lieux l'amour de Dieu pour tous les humains.

La Bénédiction

Le prêtre :

Le Seigneur soit avec vous

L'assemblée :

Et avec votre esprit.

Le prêtre bénit l'assemblée :

Que Dieu tout-puissant vous bénisse,
Le Père,
Le Fils
et le Saint Esprit.

L'assemblée répond :

Amen.

Chacun fait le signe de la croix.

LES MOTS

BÉNIR

Bénir signifie "Dire du bien". Le prêtre "dit" le bien, le bonheur que Dieu veut pour tous les humains. Il souhaite que tous soient conscients du plus grand "bien" que Dieu offre: son amour. Il souhaite que chacun puisse en vivre et y puiser joie et courage.

L'envoi

Le prêtre :

Allez dans la paix du Christ

Tous :

Nous rendons grâce à Dieu.

Les chrétiens quittent l'église.
En eux la parole du Christ est vivante.
Ils s'en vont, et dans tous les lieux où ils vivent, ils essaient de mettre en pratique l'Évangile, afin que la terre entière puisse connaître Jésus-Christ, et se réjouir de la joie de Dieu qu'il a apportée à tous les humains.

ÉDITEUR
ÉDITIONS DU SIGNE

1, rue Alfred Kastler
B.P..94 - 67038 Strasbourg Cédex 2
Tél. 03 88 78 91 91 - Fax 03 88 76 95 99
E-mail : info@editionsdusigne.fr
Internet : www.editionsdusigne.fr

Auteurs :
M.J. Cura, F. Doll, A. Hari, C. Singer, A.M. Stoll

Maquette :
Chris

Illustrations :
Anne Crapon et Sylvianne Gangloff

© Editions du Signe, 1994
ISBN 2-87718-174-X

© A.E.L.F. Paris, 1994 pour les textes liturgiques
Concorda cum Originali, le 9 août 1994
9e édition
Dépôt légal 3e trimestre 1994.
Déposé au Ministère de la Justice à la date de la mise en vente.
Loi n° 49-956 du 16.07.1949 sur les publications destinées à la jeunesse.
Tous droits réservés - Reproductions interdites

Imprimé en Italie par Arti Grafiche, Pomezia